ᴹPeople
Elegant Slumming

Melody Line, Chords & Lyrics

8 One Night In Heaven

11 Moving On Up

14 Renaissance

19 You Just Have To Be There

23 Love Is In My Soul

27 Don't Look Any Further

33 Natural Thing

36 Little Packet

40 La Vida Loca (The Crazy Life)

42 Melody Of Life

Folio ©1993 International Music Publications Limited
Southend Road, Woodford Green, Essex IG8 8HN England
Music Transcribed by Barnes Music Engraving Ltd., East Sussex TN22 4HA
Cover: Mark Mattock
Printed by Panda Press · Haverhill · Suffolk CB9 8PR
Reproducing this music in any form is illegal and forbidden
by the Copyright, Designs and Patents Act 1988.
215-2-1053

One Night in Heaven

One night in heaven
One night in heaven

Sometimes I get to thinking
While you are far away
Just how much I miss you
And how time it ticks away
So sad when we are fighting
Too much tension, too much hate
Sometimes I need reminding
Before it gets too late
Just one moment in my day
Take me up to a place
So far away in your heavenly space

One night, one night in heaven
When you touch me
You take me up high
With the clouds in the sky
One night, one night in heaven
When you kiss me
You light up my life
Make me feel so alive

One night, one night in heaven
When you touch me
You take me up high
With the clouds in the sky
One night, one night in heaven
When you kiss me
You light up my life
Make me feel so alive

While people create problems
Lie cheat in vain
Come lay with me in my bed
And wash away the pain
Take me on a journey
Let the pleasure start
Take me on a journey
That leads straight to your heart
Just one look I can see in your face
You're my love satellite
In orbit with you
Such a beautiful place.

One night, one night in heaven
When you touch me
You take me up high
With the clouds in the sky
One night, one night in heaven
When you kiss me
You light up my life
Make me feel so alive

Just give me one night
Ooh, I'm in heaven baby

One Night in Heaven

Words and Music by
PAUL HEARD & MIKE PICKERING

One night in hea-ven, one night in hea-ven.

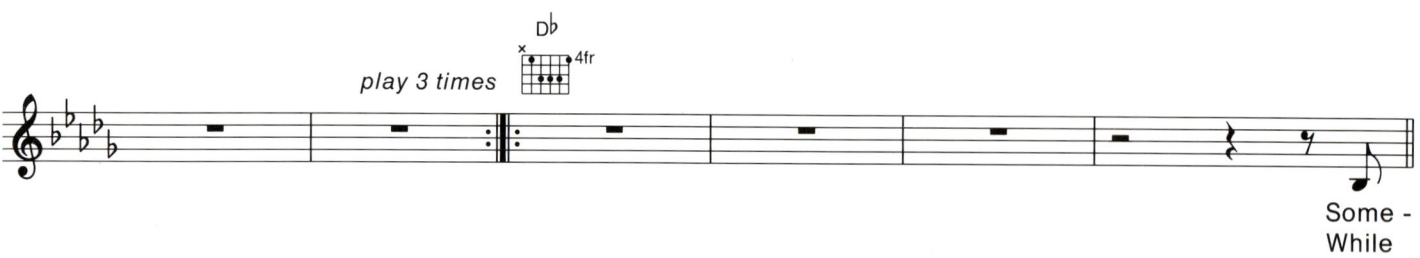

Some-
While

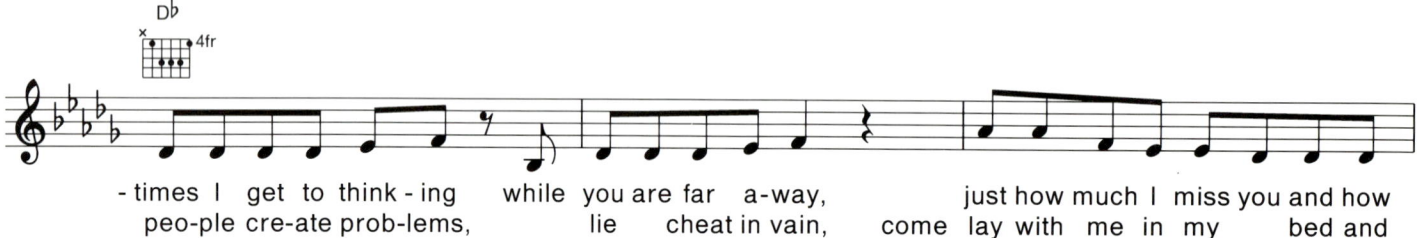

- times I get to think-ing while you are far a-way, just how much I miss you and how
peo-ple cre-ate prob-lems, lie cheat in vain, come lay with me in my bed and

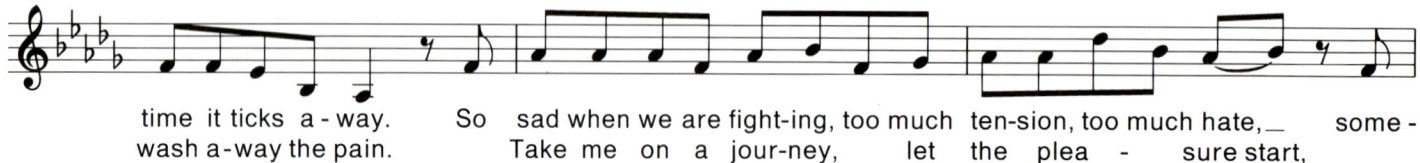

time it ticks a-way. So sad when we are fight-ing, too much ten-sion, too much hate, some-
wash a-way the pain. Take me on a jour-ney, let the plea-sure start,

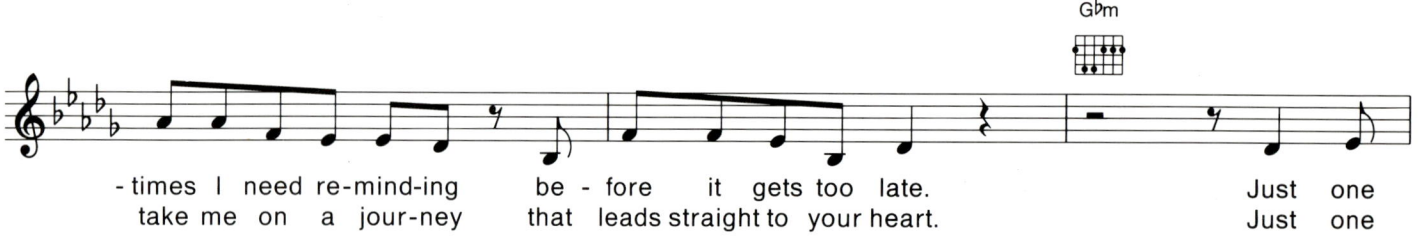

- times I need re-mind-ing be-fore it gets too late. Just one
take me on a jour-ney that leads straight to your heart. Just one

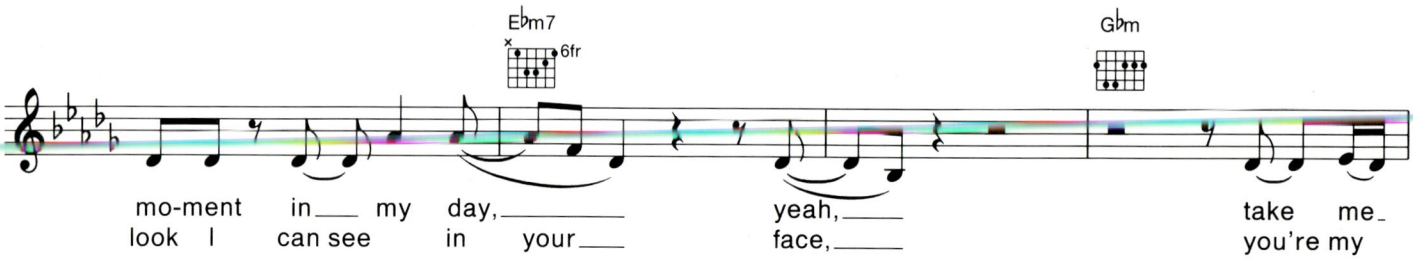

mo-ment in my day, yeah, take me
look I can see in your face, you're my

© 1993 EMI Music Publishing Ltd., London WC2H 0EA/
BMG Music Publishing Ltd., London SW6 4RN

Moving on up

You've done me wrong
Your time is up
You took a sip (just a sip)
From the devil's cup
You broke my heart
There's no way back
Move right outta here baby
Go on pack your bags

Just who do you think you are
Stop acting like some kinda star
Just who do you think you are
Take it like a man baby
If that's what you are

'Cos I'm moving on up
You're moving on out
Movin' on up
Nothing can stop me
Moving on up
You're moving on out
Time to break free
Nothing can stop me

They brag a man has walked in space
But you can't even find my place
Mm there ain't nothing
(Not a thing) you can do
Cos I've had enough of me baby
Being part of you

Just who do you think you are
This time you've gone too far
Just who do you think you are
Take it like a man baby
If that's what you are

'Cos I'm moving on up
You're moving on out
Movin' on up
Nothing can stop me
Moving on up
You're moving on out
Time to break free
Nothing can stop me

Renaissance

I'm comin' home, I'm comin' home to your house

Boy there's so many things to give
I've been aware of your charms for so long
And there's nothing that you can do
To stop me from comin' around, round
To your house, to your house

I'm comin' home, I'm comin' home to your house
I'm comin' home, I'm comin' home to your house
I'll be your queen upon a throne in your house
I'm comin' home, I'm comin' home to your house

You can build it from bricks and stone
But there's still no point in being alone
So unlock your door I'm comin' through
'Cos this heart's got a message for you

I'm comin' home, I'm comin' home to your house
To your house, to your house, to your house
I'm comin' home, I'm comin' home to your house
I'm comin' home, I'm comin' home to your house
I'll be your queen upon a throne in your house
I'm comin' home, I'm comin' home to your house

By land or sea, I'm comin' home to your house
Come fly with me, I'm comin' home to your house
I'll be your queen upon a throne in your house
I'll make you scream aloud with joy in your house

I'll bring you gifts to your house
I'll bring it all on home to your house
There'll be no black, there'll be no white in your house
There'll be no day, there'll be no night in your house

Have mercy, mercy, mercy, mercy on me

I'm comin' home, I'm comin' home to your house
I'm comin' home, I'm comin' home to your house
I'll be your queen upon a throne in your house
I'll make you scream aloud with joy in your house

I'm comin' home, I'm comin' home to your house
There'll be no war, there'll be no war in you're house
I'll bring you peace, I'll bring you love to your house
I'm comin' home, I'm comin' home to your house

Renaissance

Words and Music by
PAUL HEARD & MIKE PICKERING

I'm com-in' home, I'm com-in' home to your house, I'm com-in' home, I'm com-in' home to your house, I'm com-in' home, I'm com-in' home to your house, I'm com-in' home, I'm com-in' home to your house.

Boy there's so many things to give, I've been a-ware of your charms for so long,
it from bricks and stone, but there's still no point in be-ing a-lone,

©1993 EMI Music Publishing Ltd., London WC2H 0EA/
BMG Music Publishing Ltd., London SW6 4RN

You just have to be there

Well a strange thing happened to me yesterday
I looked at your stars and ooh I saw the Milky Way
And if you could feel just half as much as me
Then I wouldn't be just another leaf on your tree

Well I never thought I'd feel this way
You are my life, my night and day
It's such a thrill deep down inside
Just too much love for me to hide

You just have to be there, in my life
You just have to be there, it feels so right

I wake up alone and everything is cold and grey
You walk in a room and brighten up a cloudy day
Friends will arrive then they disappear
But if you want me baby, honey I'll be here

'Cos those little things said in the dark
One touch from you ignites the spark
Sweetest boy, you can do no wrong
The power of love, it burns so strong

You just have to be there, in my life
You just have to be there, it feels so right

You just have to be there

Words and Music by
PAUL HEARD & MIKE PICKERING

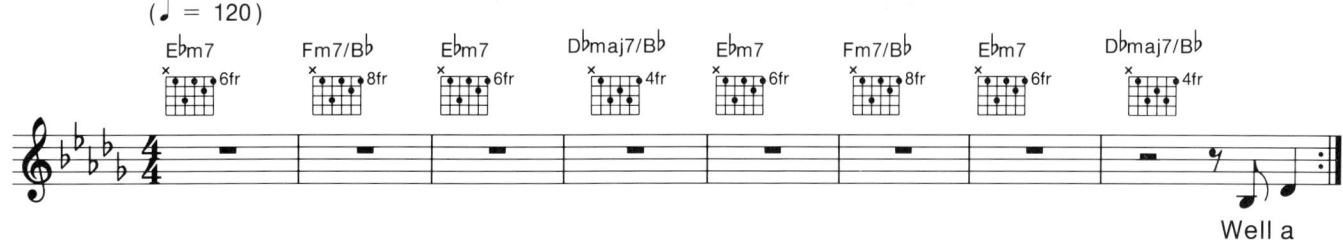

Well a

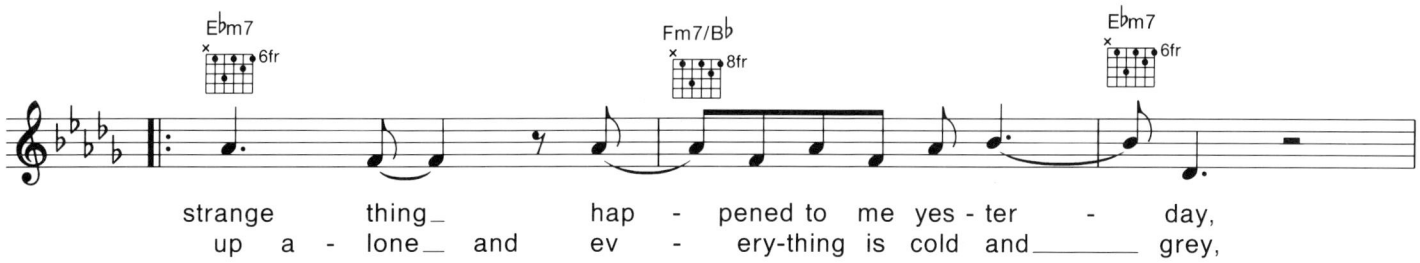

strange thing_ hap - pened to me yes - ter - day,
up a - lone_ and ev - ery-thing is cold and____ grey,

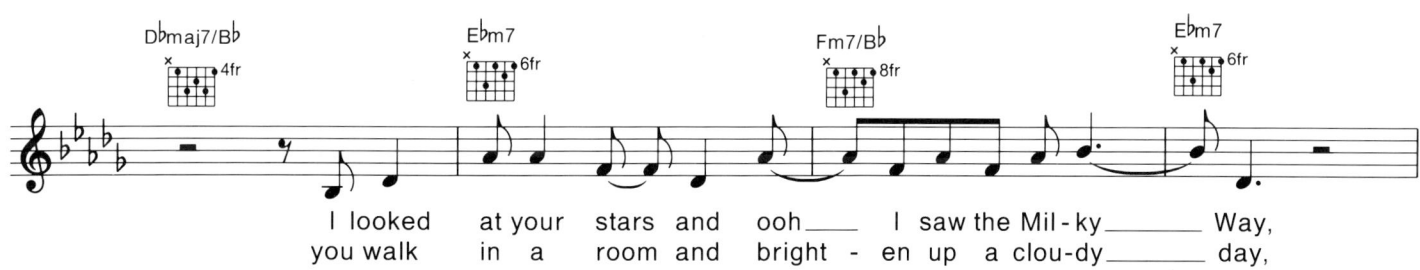

I looked at your stars and ooh____ I saw the Mil - ky_____ Way,
you walk in a room and bright - en up a clou-dy_____ day,

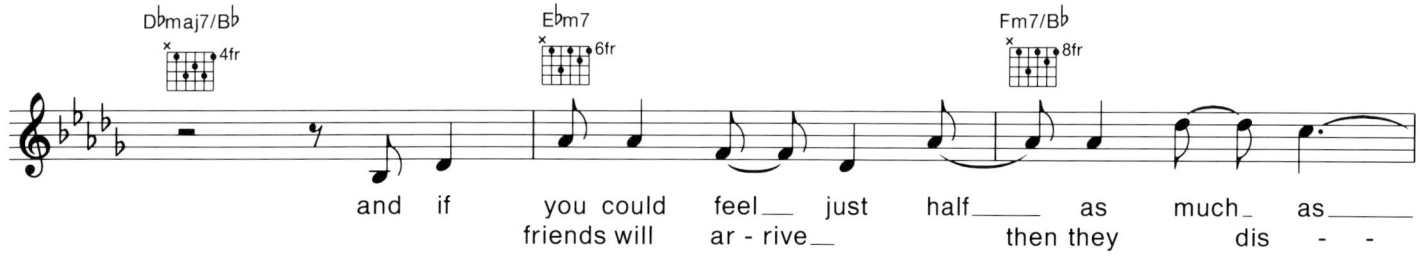

and if you could feel_ just half____ as much_ as_____
friends will ar - rive_ then they dis -

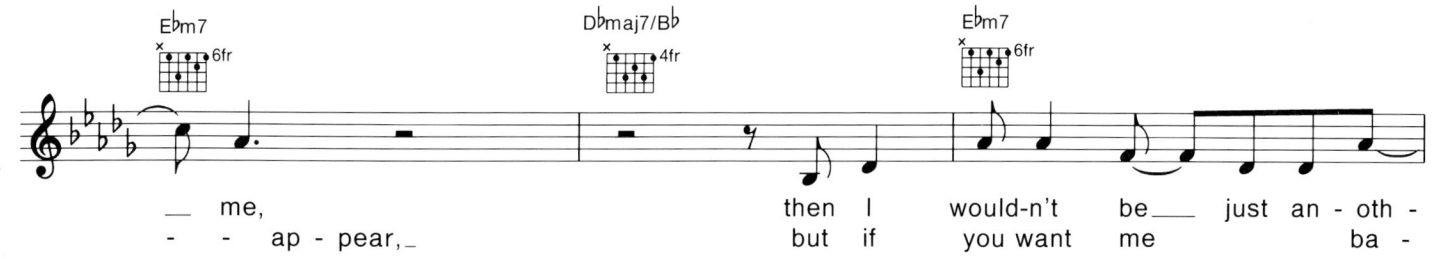

___ me, then I would-n't be_ just an - oth -
- - ap - pear,_ but if you want me ba -

© 1993 EMI Music Publishing Ltd., London WC2H 0EA/
BMG Music Publishing Ltd., London SW6 4RN

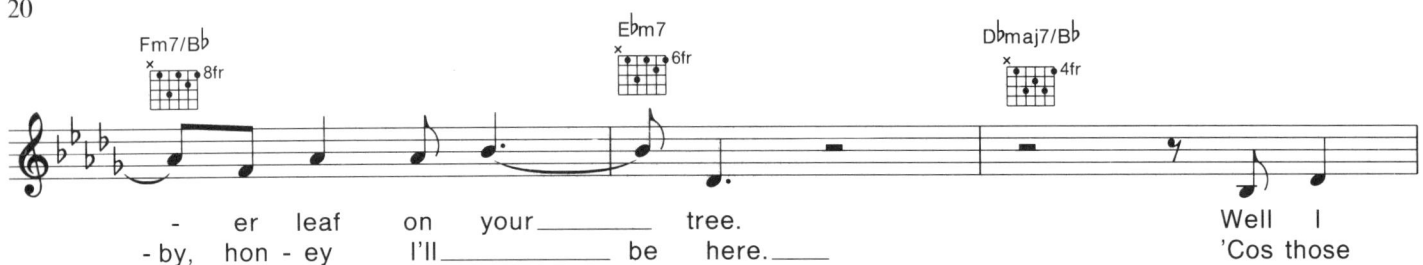
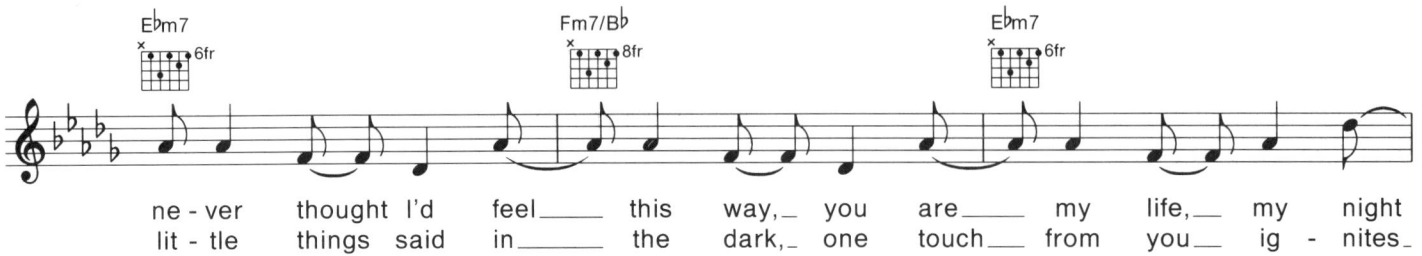
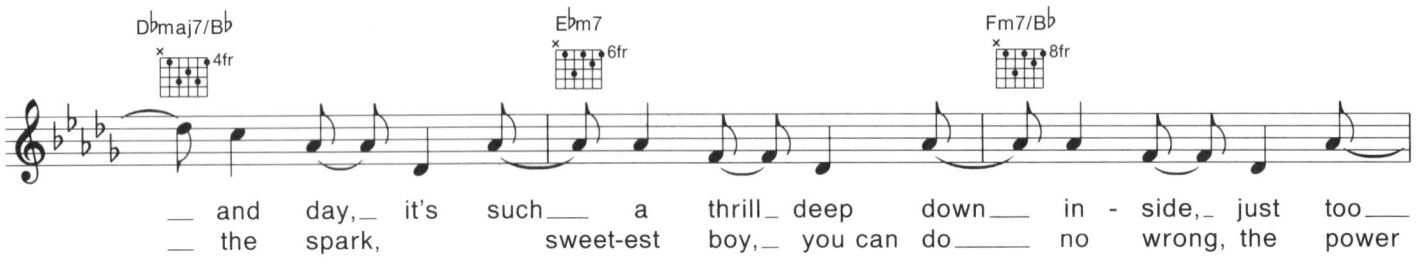
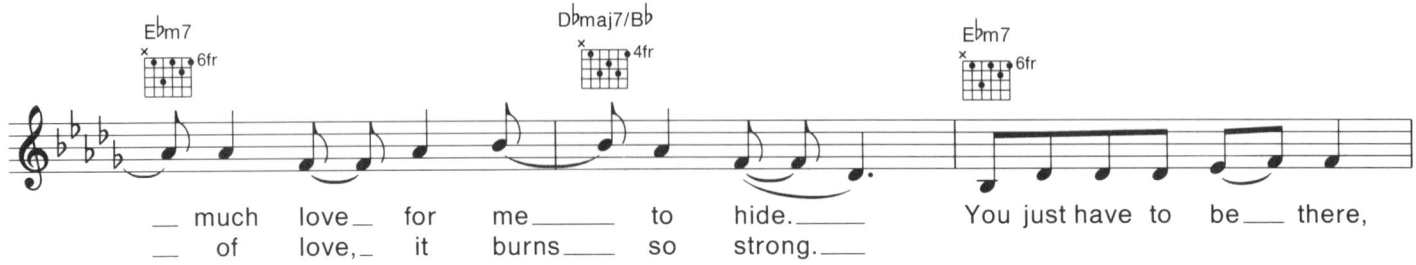

Love is in my soul

The world can't beat me black 'n' blue
It can hurt so much it's just not true
Down and out and down at heel
But it sure can't change the way I feel
I feel a strength so deep within
A love to wash away the sin
Like the sound of the sea deep within a shell
To make your heaven when all around is hell

All manner of things can make me sing
But love is in my soul, love is in my soul
All manner of things can make me sing
But love is in my soul, love is in my soul

The tension grows and clouds your eyes
The swim upstream, the bridge of sighs
The cold stone walls and the metal jam
The ugly roar of the dying man
All these things that bring you down
Mean nothing more than a laughing clown
If you lift up your soul be strong, be proud
You'll never be just another face in the crowd

All manner of things can make me sing
But love is in my soul, love is in my soul
All manner of things can make me sing
But love is in my soul, love is in my soul

Love is in my soul

Words and Music by
PAUL HEARD & MIKE PICKERING

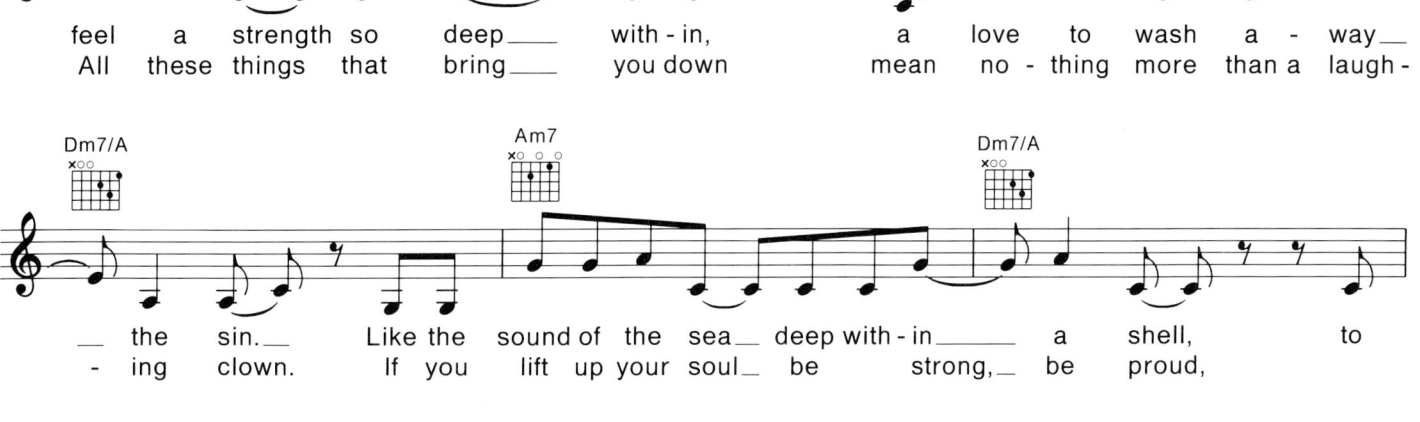

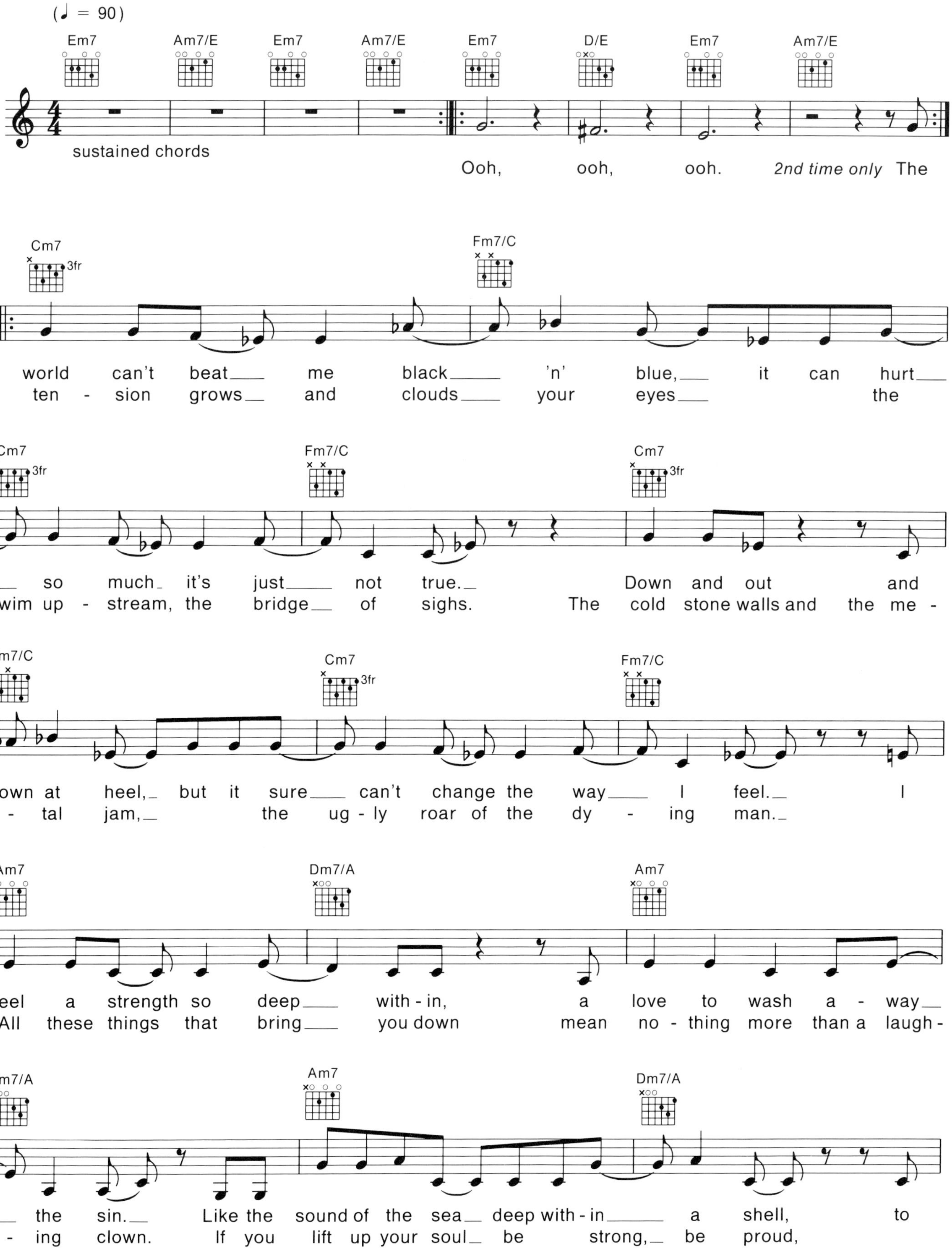

Don't look any further

Someone to count on
In a world ever changin'
Here I am, stop where you're standin'
What you need is a lover
Someone to take over
Oh baby don't look any further

Strange when you think of our chances
That we've both been in a state of mind
Too cool to be careless
Looking for the right thing
Oh baby don't look any further
Tonight we're gonna taste a little paradise
Rockin' all night long
Daylight I'll still be looking in your heavenly eyes

Day o umba day o mambu ji ay o
Don't look any further
Day o umba day o na jam bay um bay o
Don't look any further

Don't look any further

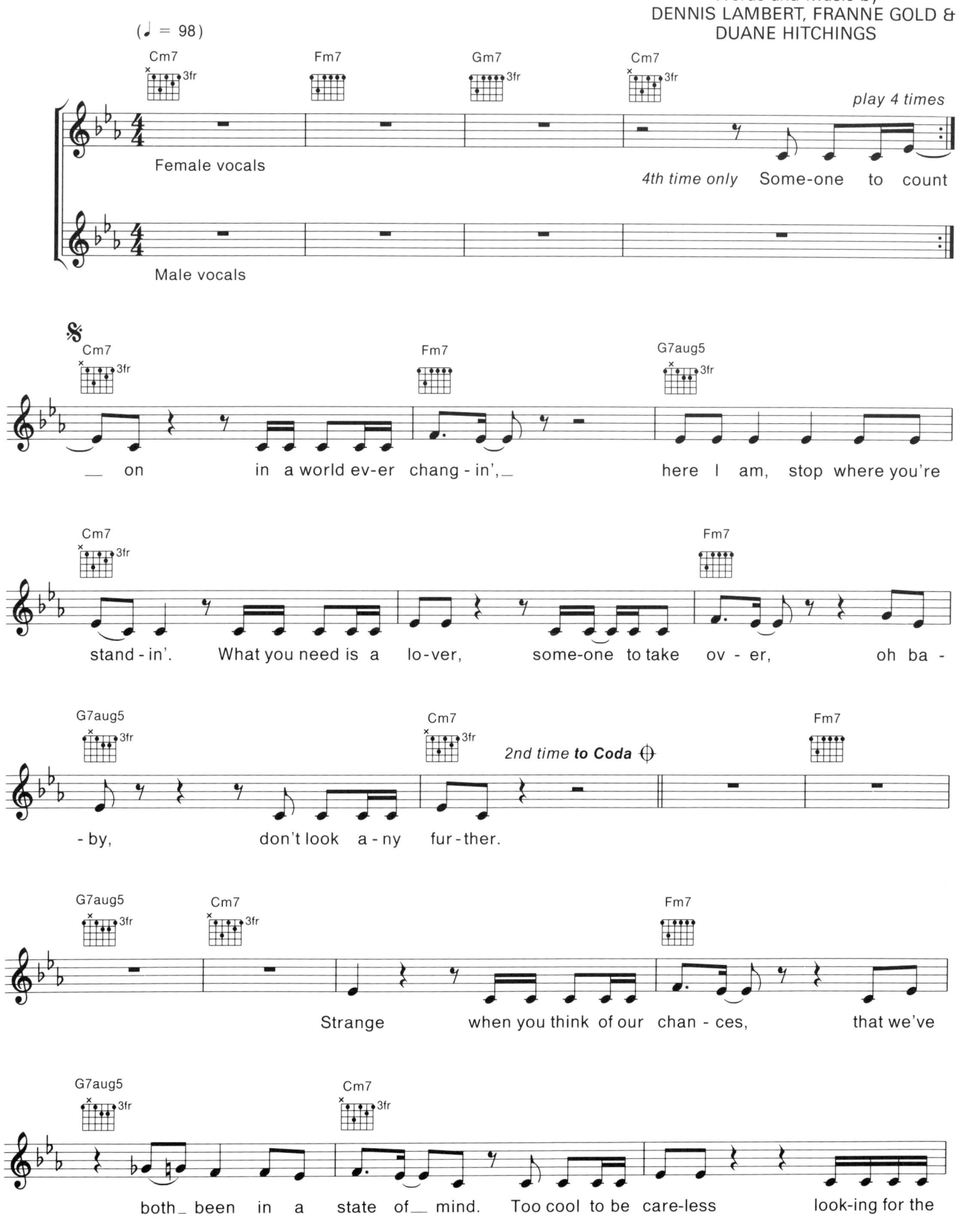

day o um-ba day o na jam bay um bay o, don't look a-ny fur-ther.

day o um-ba day o na jam bay um bay o, don't look a-ny fur-ther.

D.S. al Coda

Some-one to count

CODA

Instrumental

To -

- night, rock-in' all night long,

to - night we're gon-na taste a lit-tle pa - ra - dise, _____

day - light, _____ I'll still be look-ing in your hea-ven-ly

rock-in' all night long, day - light, look-ing in your hea-ven-ly

Natural thing

Our love, our love, our love is a natural thing
Our love, our love, our love is a natural thing
Take a breath and wonder why such things exist at all
A moment in time, a love so sublime
Like a yellow field in June, an eclipse of the moon
A river flowing through the land
A boy and girl are holding hands

Our love, our love, our love is a natural thing
Our love, our love, our love is a natural thing
Like water from a spring, it's such a natural thing
Our love, our love, our love is a natural thing

Nothing can compare with this
In our state of mind of natural bliss
A moment in time, a love so sublime
Like a sea that crashes to the shore
What we have is oh so pure
Like woman giving birth
Flowers growing from the earth

Our love, our love, our love is a natural thing
Our love, our love, our love is a natural thing
Like Picasso with a brush I get that natural rush
Like water from a spring, it's such a natural thing
Our love, our love is a natural thing

Little Packet

Take the fast lane baby
You travel so light
The fast lane mother
Your bark is your bite
Fast lane baby
It's all such a gas
Fast lane honey
You wave as you pass

I got a packet
I keep it for my mind
I'm so impressive
So handsome and so kind
There's people wanting
To talk to me all day
There's people hanging
On every word I say
Get busy one time

I dial 9
I need an outside line
To another world
That leaves me feeling fine
I dial 9
I need an outside line
To another world
That leaves me feeling fine

Take the fast lane baby
You travel so light
The fast lane mother
Your bark is your bite
Fast lane baby
It's all such a gas
Fast lane honey
You wave as you pass

I talk a lot
Everything I say is wise
I chop 'n' change
The picture turns
To black 'n' white
I try so hard
To promise you
The world and more
It's my career
C'mon it's time I had some more

Little Packet

38

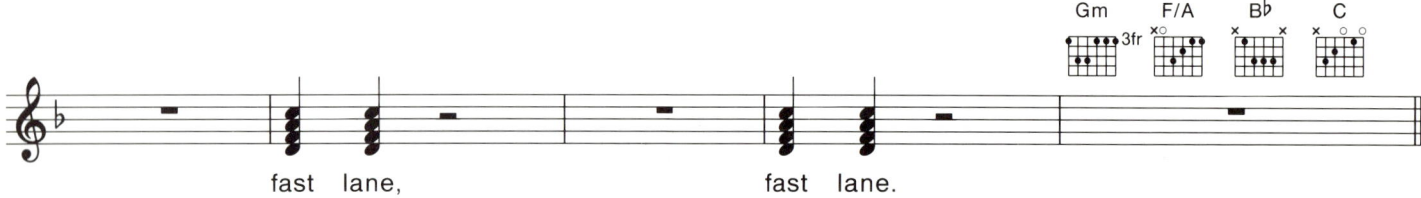
fast lane, fast lane.

Ah ooh ooh ooh ooh, ah ooh ooh ooh ooh,

ah ooh ooh ooh ooh, ah ooh ooh ooh ooh.

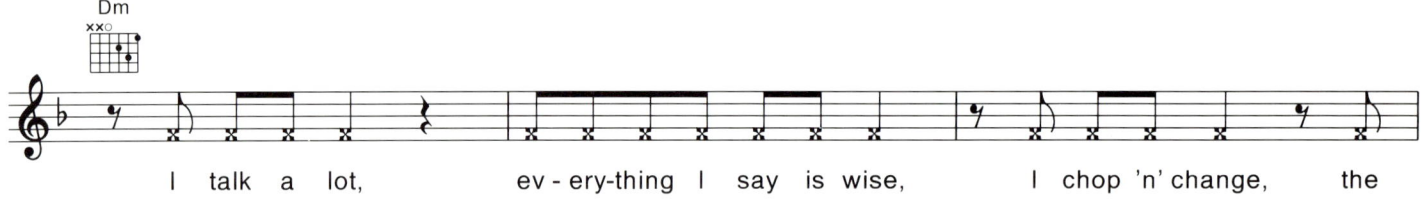
I talk a lot, ev-ery-thing I say is wise, I chop 'n' change, the

pic-ture turns to black 'n' white. I try so hard, to pro-mise you, the world and more,

it's my ca-reer c-'mon it's time I had some more. I dial

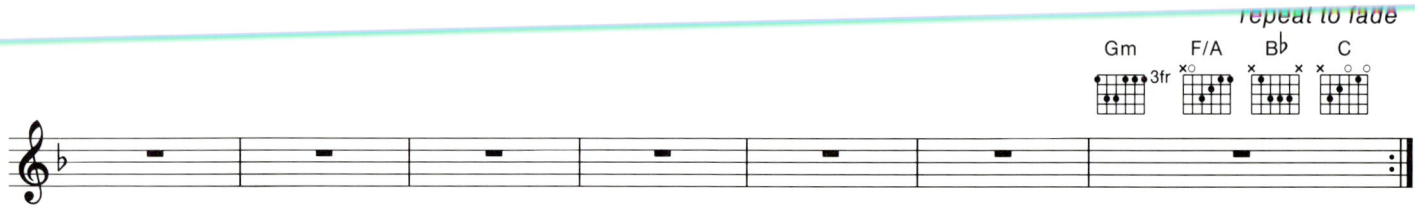

La Vida Loca (The crazy life)

La vida loca
La vida loca

Amor y arte
Bailando en la arena
Los hombres del mundo

La vida loca
La vida loca

Un mondo un poder universal

La vida loca
La vida loca

Los hombres del mundo
Amor y arte

La vida loca
La vida loca

La Vida Loca (The crazy life)

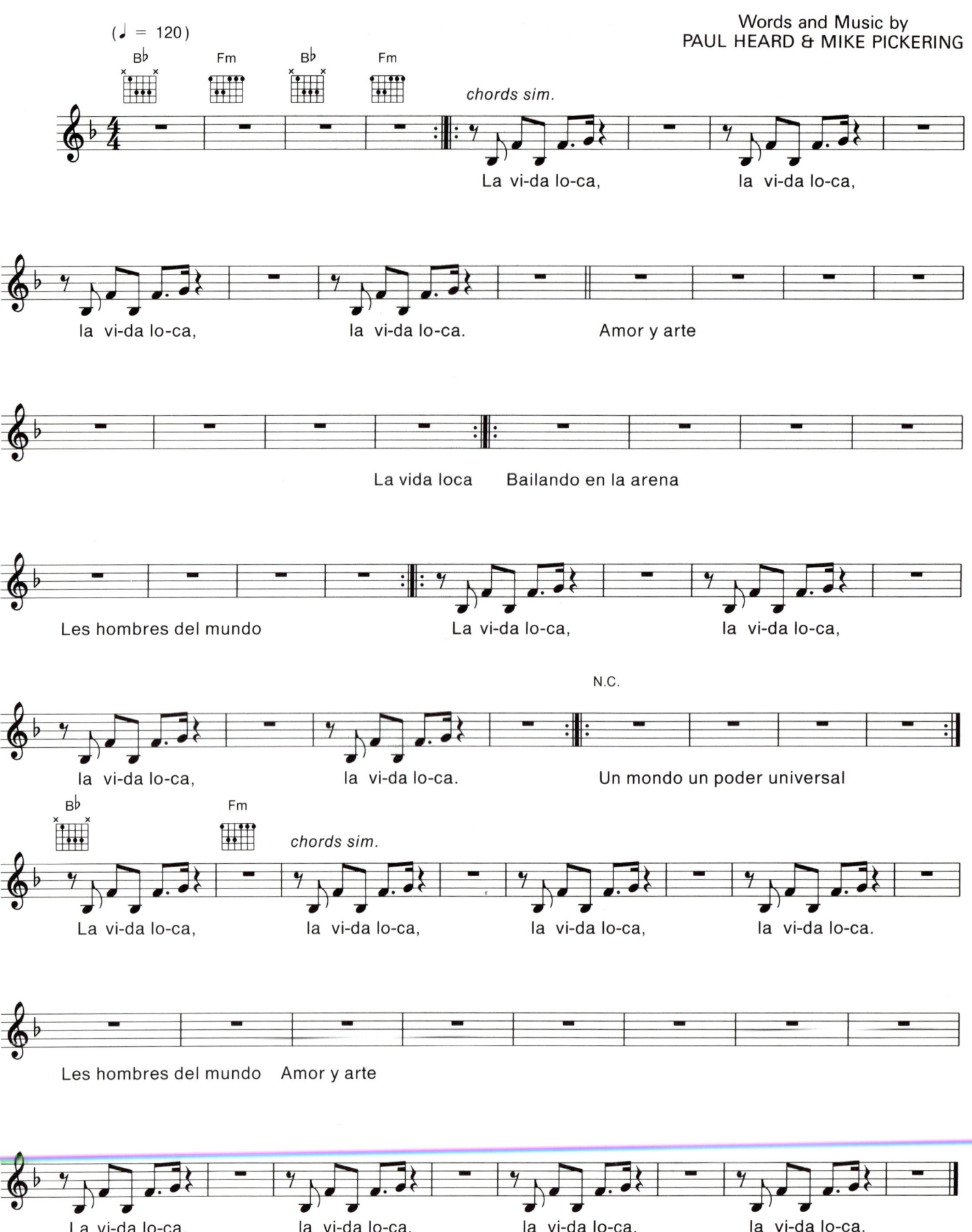

Melody of life

It's called dull life and it's showing at a town near you
It's called real life, believe me every word I say is true
Life's not cheap you know so priceless near to death
So live it while you can, live it every breath
Straight lines, black and white, a silent exhibition
You don't have to be a prisoner of your own ambition

Melody of life, symphony of love
We got a melody of life, symphony of love

We are children of life in a reservoir of dreams
We are counting on the night when nothing is quite what it seems
They'll inspire your arrogance with a lack of thought
Weilding power is a trick, so easy to be bought
Nothing is too far away, nothing's out of reach
Look the world straight in the eye, stand on your own feet.

Melody of life, symphony of love
We got a melody of life, symphony of love

Mm it's high and low life
In my life and your life

Melody of life

Words and Music by
PAUL HEARD & MIKE PICKERING

© 1993 EMI Music Publishing Ltd., London WC2H 0EA/
BMG Music Publishing Ltd., London SW6 4RN